P. Lauret

Cours élémentaire de musique vocale divisé en 2 parties.—
Montpellier, lith. Donnadieu (1870).

(p. de titre supprimée à la reliure et reconstituée d'après la fiche du
vol. rédigée avant l'envoi à la reliure)

LIVRE I.

Principes de Musique

Il y a sept sons musicaux que l'on désigne par sept syllabes qui sont : do, ré, mi, fa, sol, la, si, et qu'on appelle les sept notes de la musique. Ces sept notes prennent leur nom par la place qu'elles occupent sur la portée. On appelle portée un groupe de cinq lignes, tracées horizontalement, qui renferment quatre interlignes ; car on place les notes non seulement sur les lignes, mais aussi dans l'espace d'une ligne à l'autre, qu'on appelle interligne : les lignes ainsi que les interlignes de la portée, se comptent de bas en haut.

Exemple

Demande — Combien y a-t-il de sons principaux ou de notes principales en musique ?

Réponse — Il y a sept sons principaux ou sept notes.

D — Comment désigne-t-on ces sept notes ?

R— Avec les noms de sept syllabes qui sont : do, ré, mi, fa, sol, la, si.

D— Qu'est-ce qu'une portée ?

R— C'est un groupe de cinq lignes parallèles et horizontales

D— La portée ne se compose-t-elle que de cinq lignes ?

R— Elle renferme aussi quatre interlignes, c'est-à-dire l'espace
d'une ligne à l'autre.

D— Comment compte-t-on les lignes et les interlignes de la portée ?

R— De bas en haut c'est-à-dire en montant,

D— A quoi sert la portée ?

R— A placer les notes, qui prennent leur nom par la place qu'elles
y occupent.

Le nom des notes n'est point fixe sur la portée, une note sur telle
ligne peut avoir plusieurs noms différents : le nom est déterminé
par un signe qu'on place au commencement de la portée et qu'on
nomme clef.

Il y a trois sortes de clefs qui sont : la clef de sol, qui se place sur
la deuxième ligne, la clef de do, qui se place sur la première ou sur
la troisième, ou sur la quatrième ligne ; et la clef de fa, qui se
place sur la quatrième ligne. On place aussi la clef de do sur la
seconde ligne, et la clef de fa sur la troisième ligne ; mais elles sont
rarement employées

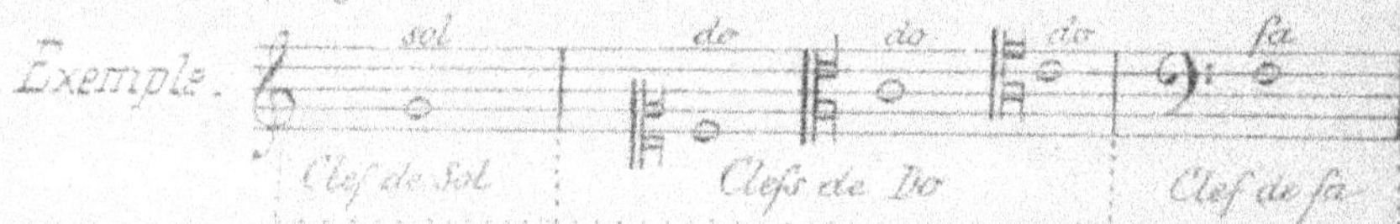

Les trois sortes de clefs ayant la propriété de donner chacune
leur nom à la note placée sur la même ligne qu'elle, chaque
note peut donc avoir autant de noms qu'il y a de clefs

D— Le nom des notes est-il fixe sur la portée ?

R— Non il est variable.

D— Comment détermine-t-on le nom des notes ?

R— Par un signe que l'on place au commencement de la portée qu'on appelle clef.

D— Combien y a-t-il de sortes de clefs ?

R— Trois, qui sont : la clef de sol, la clef de ut, et la clef de fa.

D— Quelle est la position de ces trois sortes de clefs ?

R— La clef de sol se place sur la seconde ligne, la clef de ut sur la première, la seconde, la troisième et la quatrième ligne, et la clef de fa se place sur la troisième et la quatrième ligne.

D— Quel est l'effet de ces trois sortes de clefs ?

R— De donner chacune leur nom à la note placée sur la même ligne qu'elles, de sorte que chaque note peut avoir autant de noms qu'il y a de clefs.

Noms des notes sur la clef de sol.

Noms des notes avec la clef de fa.

(1) lignes supplémentaires au dessus et au dessous de la Portée.

Exercice pour la lecture des notes avec la clef de sol.

Exercice pour la lecture des notes avec la clef de fa

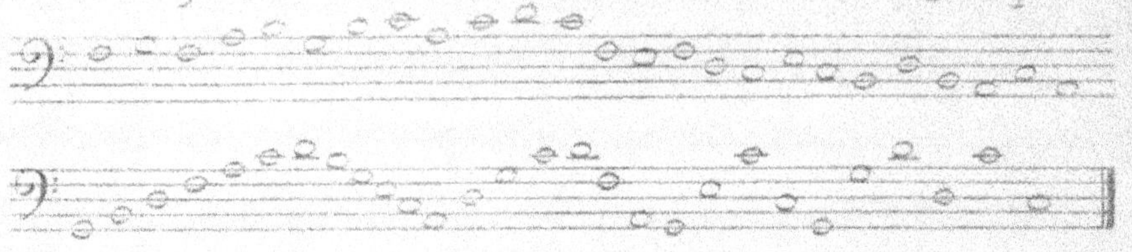

La position des notes sur la portée indique leur nom; leur figure indique leur durée. Il y a sept figures de notes qui sont: la ronde ○, la blanche ♩, la noire ♩, la croche ♪, la double croche ♪, la triple croche ♪ et la quadruple croche ♪.

La ronde étant la plus longue représente l'entier dont toutes les autres sont des fractions, et ces fractions vont en diminuant de moitié, ainsi: la ronde égale deux blanches; la blanche égale deux noires; la noire égale deux croches, la croche égale deux doubles croches; la double croche égale deux triples croches; la triple croche égale deux quadruples croches.

Exemple.

Ou bien

D — Toutes les notes ont-elles une durée égale?

R — Non, les unes sont longues et d'autres sont brèves.

D — Comment indique-t-on les différentes durées ou valeurs des notes?

R_ On indique les différentes durées ou valeurs des notes par leur
forme ou figure.

D_ Combien y a-t-il de différentes figures de notes ?

R_ Sept, qu'on appelle : la ronde, la blanche, la noire, la croche,
la double croche, la triple croche et la quadruple croche.

D_ Combien la ronde vaut-elle de blanches ?

R_ Deux. Par conséquent la blanche est une demi-ronde.

D_ Combien la blanche vaut-elle de noires ?

R_ Deux. La noire étant une demi-blanche est par conséquent un
quart de la ronde.

D_ Combien la noire vaut-elle de croches ?

R_ Deux. La croche étant la moitié de la noire est donc un quart de
la blanche et un huitième de la ronde.

D_ Combien la croche vaut-elle de doubles croches ?

R_ Deux. La double croche étant une demi-croche est donc un quart
de la noire, ou un huitième de la blanche, ou un seizième de la ronde.

D_ Combien la double croche vaut-elle de triples croches ?

R_ Deux. La triple croche étant la moitié de la double croche est donc
un quart de la croche, ou un huitième de la noire, ou un seizième
de la blanche, ou un trente-deuxième de la ronde.

D_ Combien la triple croche vaut-elle de quadruples croches ?

R_ Deux. La quadruple croche étant la moitié de la triple croche est
un quart de la double croche, ou un huitième de la croche, ou un
seizième de la noire, ou un trente-deuxième de la blanche, ou un
soixante-quatrième de la ronde.

Chaque figure de note ayant un silence qui vaut sa durée, il
y a autant de figures de silence qu'il y a de figures de note. Les sept
figures de silence sont : la pause _____ , la demi-pause _____ , le

soupir, & le demi soupir, & le quart de soupir &, le huitième de
soupir &, et le seizième de soupir &.

Exemple.

Pause équivalant à la ronde	Demi-pause équivalant à la blanche	Soupir équivalant à la noire	Demi-soupir équivalant à la croche	Quart de soupir équivalant à la double croche	huitième de soupir équivalant à la triple croche	Seizième de soupir équivalant à la quadruple croche

D_ Comment appelle-t-on les repos en musique ?

R_ Silences.

D_ Combien y a-t-il de silences ?

R_ Sept, chaque figure de note ayant un silence équivalant à sa durée

D_ Comment se nomment les sept figures de silences ?

R_ La pause, la demi-pause, le soupir, le demi soupir, le quart de soupir, le huitième de soupir et le seizième de soupir

D_ Quelle est leur durée relativement aux notes ?

R_ La pause égale la ronde, la demi pause égale la blanche, le soupir égale la noire, le demi soupir égale la croche, le quart de soupir égale la double croche, le huitième de soupir égale la triple croche, et le seizième de soupir égale la quadruple croche.

Il y a trois sortes de mesures principales, qui sont : la mesure à quatre temps, la mesure à trois temps et la mesure à deux temps. Elles ont chacune un signe distinctif qui se place au commencement d'un morceau de musique après la clef. Ces trois sortes de mesures sont simples et à temps binaires. De chacune de ces mesures dérive une mesure composée ou à temps ternaire dont il sera parlé page .

Exemple.

Mesure à quatre temps	Mesure à trois temps	Mesure à deux temps

D_ Comment règle-t-on la durée exacte des notes ?

R_ Par la mesure.

D_ Combien y a-t-il de sortes de mesures principales ?

R_ Il y a trois sortes de mesures principales qui sont : la mesure à quatre temps, la mesure à trois temps, et la mesure à deux temps

D_ Comment s'indique la mesure à quatre temps ?

R_ Par un signe ayant la forme d'un C, ou par le chiffre quatre.

D_ Comment s'indique la mesure à trois temps ?

R_ Par un trois, ou par un trois et un quatre dessous, ou par un trois et un huit dessous.

D_ Comment s'indique la mesure à deux temps ?

R_ Par un C barré, ou par un deux, ou par un deux et un quatre dessous.

D_ Où place-t-on le signe indiquant la mesure ?

R_ Au commencement d'un morceau de musique après la clef.

D_ Comment appelle-t-on ces trois sortes de mesures ?

R_ Ces trois sortes de mesures sont appelées mesures simples ou à temps binaires.

Exercices pour apprendre à battre la mesure.

Mesures simples ou à temps binaires

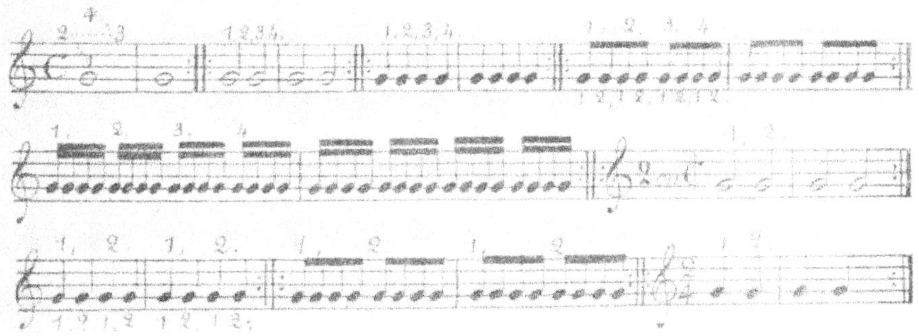

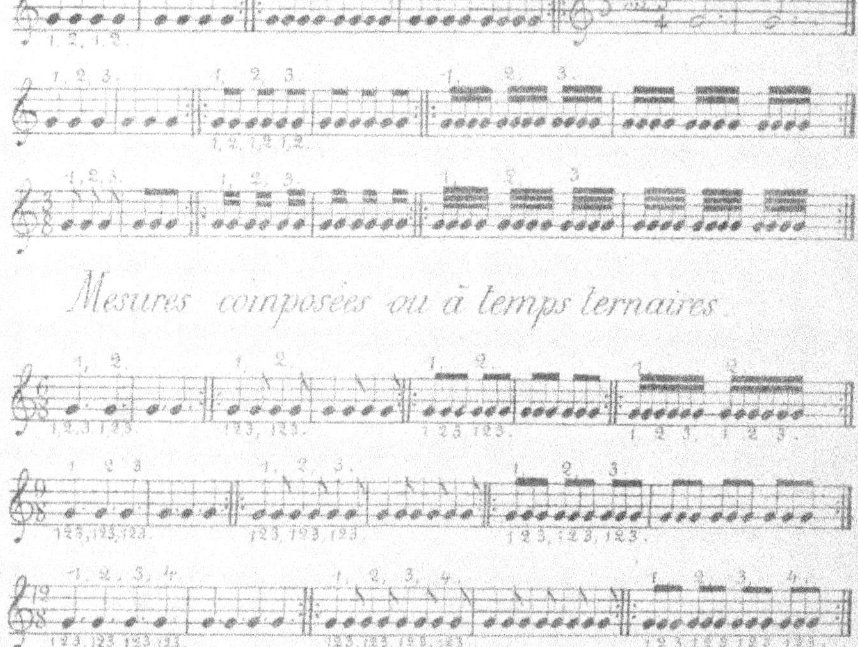

Mesures composées ou à temps ternaires.

On appelle gamme une suite de huit notes dans leur ordre successif, comme : do, re, mi, fa, sol, la, si, do. La gamme est formée d'une suite d'intervales qui ne sont pas tous égaux. On appelle intervalle la distance que franchit la voix d'une note à une autre. Sur sept intervalles dont se compose la gamme, cinq sont d'un ton, et deux d'un demi-ton, les deux demi-tons sont : de la tierce à la quarte et de la septième à l'octave ; cette forme de gamme s'appelle gamme majeure.

Exemple.

D_ Qu'est-ce qu'un intervalle ?

R_ C'est la distance que franchit la voix d'un son a un autre.

D_ Comment nomme-t-on une suite de huit notes dans leur ordre successif, comme : do, ré, mi, fa, sol, la, si, do ?

R_ Cette suite de huit notes se nomme gamme.

D_ La gamme est-elle formée d'une suite d'intervales tous égaux ?

R_ Non : les uns sont d'un ton et d'autres sont d'un demi-ton.

D_ De combien de tons et de demi-tons se compose la gamme ?

R_ La gamme se compose de cinq tons et deux demi-tons.

D_ Où se trouvent placés les deux demi-tons ?

R_ Le premier demi ton est placé de la troisième à la quatrième note, et le second de la septième à la huitième.

D_ Comment appelle-t-on cette forme de gamme ?

R_ Gamme majeure.

Gamme en do majeur
En rondes et pause silence de la ronde.

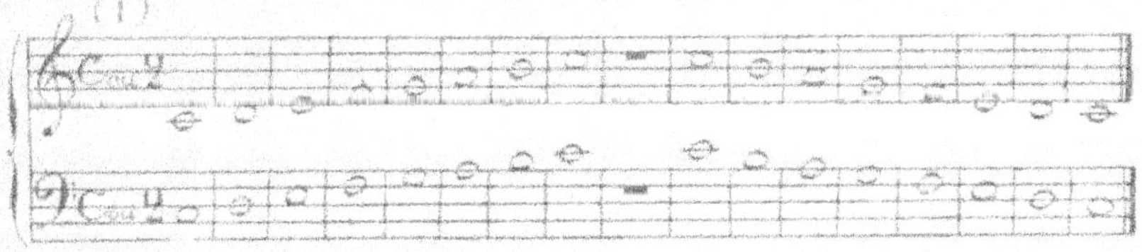

N° 1

Même gamme en blanches
Deux blanches sur le même degré.

N° 2

(1) Toutes les leçons de cette première partie doivent se dire en battant alternativement la mesure à quatre temps et à deux temps.

Gamme en blanches et demi-pauses,
Silence de la blanche.
N.º 3.
1.er Exercice sur l'intervalle
de seconde majeure et mineure.
N.º 4.
2.e Exercice sur l'intervalle de seconde.
N.º 5.

3ᵉ Exercice sur l'intervalle de seconde.
N.º 6

1ᵉʳ Exercice sur l'intervalle de tierce
majeure et mineure.

N° 7

N° 8

2ᵉ Exercice sur l'intervalle de tierce.

3.e Exercice sur l'intervalle de tierce.
N.o 9
4.e Exercice sur l'intervalle de tierce.
N.o 10
Gamme en noires.
N.o 11

Gamme en noires et soupirs
silence de la noire.
N° 12
1er Exercice sur l'intervalle
de quarte juste et quarte augmentée.
N° 13
2e Exercice sur l'intervalle de quarte
N° 14

accord parfait
accord parfait
3.ᵉ Exercice sur l'intervalle de quarte.
N.º 15
accord parfait
accord parfait
1.ᵉʳ Exercice sur l'intervalle de quinte juste.
N.º 16

2ᵉ Exercice sur l'intervalle de quinte

1ᵉʳ Exercice sur l'intervalle de sixte
majeure et mineure.
N° 20.
2ᵉ Exercice sur l'intervalle de sixte.
N° 21.

3.ᵉ Exercice sur l'intervalle de sixte.

1.ᵉʳ Exercice sur l'intervalle de septième
majeure et mineure.

2.ᵉ Exercice sur l'intervalle de septième.

3ème Exercice sur l'intervalle de septième.
N° 25
1er Exercice sur l'intervalle d'octave.
N° 26
2e Exercice sur l'intervalle d'octave.
N° 27

3.ᵉ Exercice sur l'intervalle d'octave.

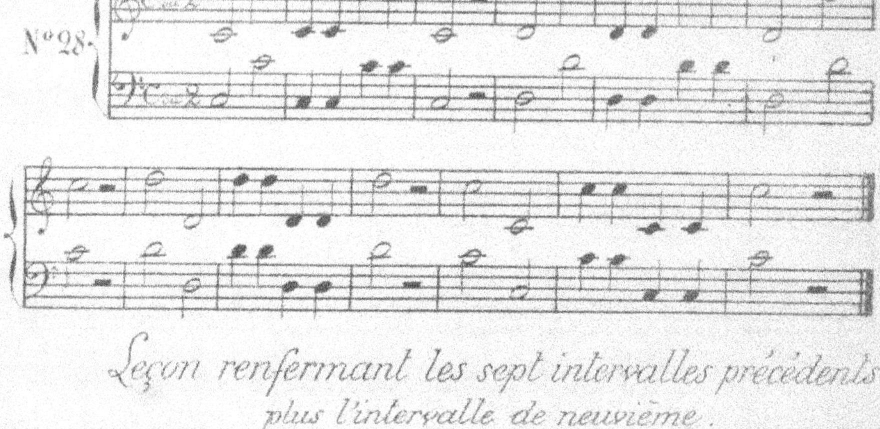

Leçon renfermant les sept intervalles précédents
plus l'intervalle de neuvième.

D   Comment nomme-t-on l'intervalle d'une note à sa note la plus
voisine soit en montant ou en descendant ?

R   Intervalle de seconde.

D   Combien y a-t-il d'espèces d'intervalles de seconde dans les
intervalles naturels ?

R   Deux : la seconde mineure composée d'un demi-ton et la seconde
majeure composée d'un ton.

D   Quels sont les autres intervalles contenus dans la gamme ?

R. L'intervalle de tierce mineure composé d'un ton et un demi-ton, la tierce majeure composée de deux tons; la quarte juste composée de deux tons et un demi-ton, la quarte augmentée composée de trois tons; la quinte juste composée de trois tons et un demi-ton,[I] la sixte mineure composée de trois tons et deux demi-tons, la sixte majeure composée de quatre tons et un demi-ton, la septième mineure composée de quatre tons et deux demi-tons, la septième majeure composée de cinq tons et un demi-ton; et l'octave composée de cinq tons et deux demi-tons.

Des signes altératifs.

On emploie trois signes altératifs qui sont : le dièse ♯, le bémol ♭, et le bécarre ♮. Le dièse élève la note d'un demi-ton, le bémol baisse la note d'un demi-ton, et le bécarre ne s'emploie que devant une note déjà diésée ou bémolisée, pour neutraliser l'effet du dièse ou du bémol, et remettre la note dans son état primitif.

Exemple.

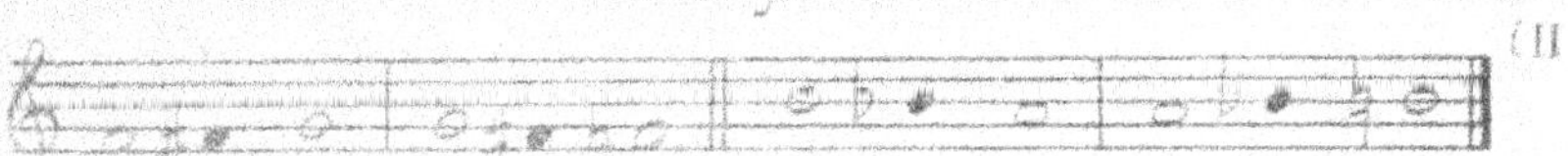

Il résulte de l'exemple précédent deux espèces de demi-tons dont l'un est appelé chromatique, et l'autre diatonique. Le demi-ton chromatique est formé par deux notes de même nom, comme fa fa♯; le demi-ton diatonique est produit par deux notes de nom différent, comme fa♯ sol. Ainsi, les deux demi-tons de la gamme de mi à fa, et de si à do, sont diatoniques.

(I) L'intervalle de quarte diminuée n'est pas renfermé dans l'octave, mais en descendant à la sous-tonique on trouve cet intervalle très important à connaître et qui se compose de deux tons et deux demi-tons.

(II) On emploie aussi le double dièse (♯♯ ou ✕) et le double bémol (♭♭) : le double dièse sert à élever d'un demi-ton la note déjà diésée, et le double bémol à baisser d'un demi-ton la note déjà bémolisée.

Chaque note pouvant être diésée ou bémolisée, il y a donc autant de dièses et de bémols qu'il y a de notes.

Noms des dièses dans leur ordre successif,
et leur position sur la portée.

Noms des bémols

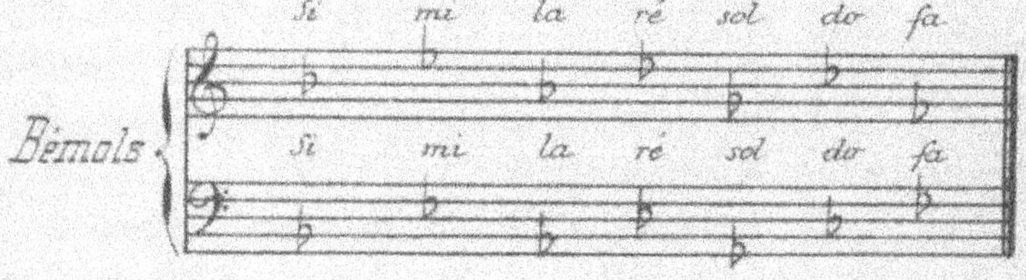

On peut donc, par l'emploi du dièse ou du bémol, diviser chaque intervalle d'un ton en deux demi-tons et produire une gamme à intervalles tous égaux qu'on appelle gamme chromatique.

D   Combien y a-t-il de signes altératifs ?

R   Trois, le dièse, le bémol et le bécarre.

D   Quel effet produit le dièse ?

R   Il hausse la note d'un demi-ton.

D   Quel effet produit le bémol ?

R   Il baisse la note d'un demi-ton.

D   Quel effet produit le bécarre ?

R   Il détruit l'effet du dièse ou du bémol et remet la note dans son état naturel.

R Il y a sept dièses placés par ordre de quintes et qui se nomment
fa, do, sol, ré, la, mi, si.

D Combien y a-t-il de bémols et quel est leur ordre et leur nom ?

R Il y a sept bémols placés par ordre de quarte et qui sont Si,
mi, la, ré, sol, do, fa.

D Combien y a-t-il d'espèces de demi-tons ?

R Deux : le demi-ton diatonique formé par deux notes de
nom différent comme mi, fa ; si, do ; fa♯, sol, si♭, la, et
le demi-ton chromatique formé par deux notes de même
nom comme fa, fa♯ ou si, si♭.

D Comment nomme-t-on une gamme procédant par demi-tons ?

R Gamme chromatique.

D N'emploie-t-on pas d'autres signes altératifs ?

R On emploie encore le double dièse qui hausse d'un demi-
ton la note déjà diésée ; et le double bémol qui baisse d'un
demi-ton la note déjà bémolisée.

Gamme chromatique par dièses en montant
et par bémols en descendant. (I)

(I) La gamme chromatique solfiée doit être écrite de cette manière parce que les dièses
font leur résolution naturelle en montant et les bémols en descendant. Le contraire n'a

Leçon pour exercer le premier dièse.
N° 31
Leçon pour exercer le premier bémol.
N° 32

Gamme en croches

Gamme en croches et demi-soupirs.
silence de la croche.

De la forme et de la construction des gammes

Il a été dit, page 8, que la gamme se composait d'une suite d'intervalles, dont cinq étaient d'un ton, et deux d'un demi-ton, les deux demi-tons étant placés de la tierce à la quarte, et de la septième à l'octave : cette forme de gamme s'appelle gamme majeure, ou mode majeur. Mais il y a, en musique, un autre mode ou forme de gamme appelé mode mineur, indiqué de la même manière que le mode majeur, et ayant tant de rapports ensemble qu'on les appelle relatifs.

Le mode mineur relatif se trouve une tierce au dessous du mode majeur : ainsi le mode mineur relatif de do majeur est donc la mineur, en commençant la gamme par la, on a de la à si un ton, de si à do un demi ton, de do à ré un ton, de ré à mi un ton, de mi à fa un demi-ton, de fa à sol un ton, de sol à la un ton.

Ainsi dans cette gamme le premier demi-ton se trouve de la seconde à la tierce, formant par conséquent la première tierce mineure, ce qui caractérise le mode mineur, et le diffère essentiellement du mode majeur dont la première tierce est toujours majeure.

Quant au second demi-ton de la gamme mineure, il a subi une modification : dans notre tonalité moderne, on le place du septième au huitième degré, la marche du septième degré étant attractive vers la tonique, s'appelle alors note sensible.

C'est donc par l'altération de la septième note, c'est-à-dire en l'élevant d'un demi-ton, que le second demi-ton se trouve du septième au huitième degré.

De cette modification s'en est suivie une autre : en élevant la septième note d'un demi-ton on avait une intervalle de seconde d'un ton et demi, du sixième au septième degré, intervalle offrant une difficulté vocale, et formant une gamme irrégulière ; on a réformé cette irrégularité en élevant également la sixième note d'un demi-ton ; mais dans la gamme descendante, les deux notes altérées reviennent dans leur état naturel.

Exemple.
Gamme mineure primitive.

Gamme mineure modifiée.

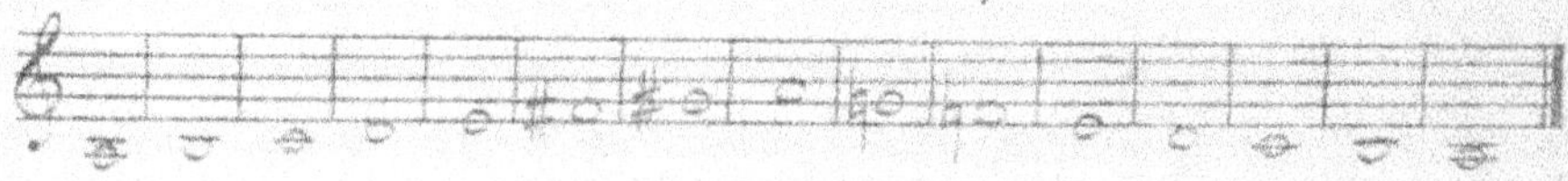

D — Combien y a-t-il de sortes de gammes ?

R — Deux : la gamme majeure et la gamme mineure.

D — Quelle différence y a-t-il entre la gamme majeure et la gamme mineure

R._ Dans la gamme majeure les deux demi tons sont placés du troisième au quatrième degré et du septième au huitième, et dans la gamme mineure ils sont placés du second au troisième degré et du cinquième au sixième.

D._ A t'on conservé cette forme de la gamme mineure dans notre tonalité moderne ?

R._ On a modifié cette gamme en plaçant le second demi-ton du septième au huitième degré par l'altération de la septième note.

D._ Cette gamme n'a-t-elle pas subi une autre modification ?

R._ On élève aussi la sixième note afin d'éviter la seconde augmentée du sixième au septième degré. Mais dans la gamme descendante, les deux notes altérées sont remises dans leur état naturel.

Revenons à la construction de la gamme majeure.

La gamme se divise en deux parties égales de quatre notes chacune, ou deux tétracordes égaux. Quand on sait la construction du premier tétracorde, on sait la construction de la gamme, puisque le second tétracorde doit être fait sur le modèle du premier.

Exemple.

Gamme majeure modèle.

Ainsi le premier tétracorde servant de modèle pour la construction de la gamme, le moyen le plus simple pour construire une nouvelle gamme, est de prendre pour modèle le second tétracorde de cette gamme, dans ce cas le second tétracorde sol, la, si, do, va devenir premier, et aura pour complément ou second tétracorde ré, mi, fa, sol. Pour rendre ce second tétracorde semblable au premier, il faut élever le troisième degré fa, d'un demi-ton, afin d'avoir un ton du second au troisième degré, et un demi-ton du troisième au quatrième, et l'on obtient cette gamme sol, la, si, do, ré, mi, fa dièse, sol, ainsi la gamme commen-çant par sol, a besoin d'un dièse devant la septième note fa, pour être conforme à la gamme modèle. Au lieu de mettre le dièse devant la note fa, on le place après la clef, et tous les fa subissent l'influence de ce dièse, il en est de même pour tous les dièses ou bémols placés à la clef, ils font subir leur influence à toutes les notes de même nom.

Exemple.

Observation. — On procède de la tonique do à sa quinte, ou dominante sol, d'abord parce que le tétracorde de cette note nous donne le modèle de la gamme, ensuite par les rapports d'affinité qu'il y a entre les deux notes.

Une autre note se trouve dans des rapports presque aussi directs c'est la sous-dominante ou quarte dont il sera parlé pour l'introduc-tion des bémols, de plus si l'on procédait de la tonique à la seconde note, et que l'on prit ré pour nouvelle tonique, deux changements seraient indispensables.

Exemple.

En passant de la seconde à la troisième note, celle-ci aurait besoin de quatre changements,

Exemple.

tandis que la gamme commençant par sol, n'en a qu'un seul.

Voilà donc pourquoi le premier dièse se place sur le fa, et pourquoi avec un dièse à la clef on est en sol majeur.

Ayant formé la gamme de sol avec le second tétracorde de celle de do, pour former une nouvelle gamme, prenons le second tétracorde de la gamme sol, qui nous servira à son tour de modèle; ce second tétracorde étant ré, mi, fa, sol, aura pour complément la, si, do, ré; pour rendre ce second tétracorde sem- -blable au premier, il faut un nouveau dièse devant la troisième note do, que l'on place à la clef à la suite du premier, et l'on obtient cette gamme,

Exemple

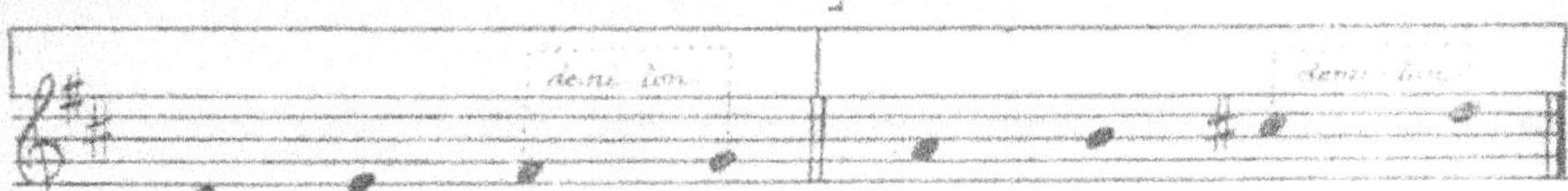

Continuant le même système, le second tétracorde de cette dernière gamme la, si, do, ré, aura pour complément mi, fa, sol, la qui aura besoin d'un nouveau dièse devant la septième note sol.

Exemple.

Le second tétracorde de cette dernière gamme mi, fa, sol, la aura pour complément si, do, ré, mi, avec un nouveau dièse devant la septième note ré.

Exemple

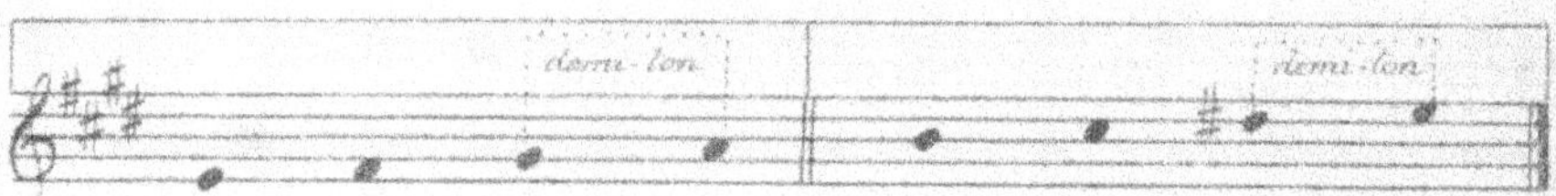

Le second tétracorde de cette dernière gamme si, do, ré, mi aura pour complément fa, sol, la, si, avec un nouveau dièse devant la septième note la.

Exemple

Le second tétracorde de cette dernière gamme fa, sol, la, si, aura pour complément do, ré, mi, fa, avec un nouveau dièse devant la septième note mi.

Exemple

Le second tétracorde de cette dernière gamme do, ré, mi, fa, aura pour complément sol, la, si, do, avec un nouveau dièse devant la septième note si.

Exemple.

Cette gamme est formée des mêmes notes que la gamme modèle, mais chaque note est élevée d'un demi ton, elle a par conséquent sept dièses à la clef.

Il résulte de ce qui précède : 1° que chaque nouvelle tonique s'élevant d'une quinte au dessus de la précédente, les dièses se placent aussi de quinte en quinte en montant ; 2° le dernier dièse représentant toujours la septième note, la tonique est un degré au dessus du dernier dièse placé à la clef.

Il a été dit, page   , que la sous-dominante était presque autant en rapport avec la tonique que la dominante, et c'est par leurs rapports fréquents qu'on les appelle, ainsi que la sixte tonique mineure tons relatifs. Ayant donc pris la quinte ou dominante sol, comme point de départ pour la formation d'une nouvelle gamme et l'introduction des dièses, nous prendrons la quarte ou sous-dominante fa, comme étant la limite du premier tétracorde qui deviendra second, et nous servira à son tour de modèle pour former une nouvelle gamme.

Ainsi prenant le premier tétracorde en sens inverse, nous dirons fa, mi, ré, do ; ce tétracorde aura pour complément si la, sol, fa. Pour rendre ce second tétracorde semblable au premier, il faut rapprocher le si du la, pour avoir un demi ton de si à la, comme de fa à mi. On obtient ce demi ton en plaçant un bémol devant le si, et l'on a cette suite de notes,

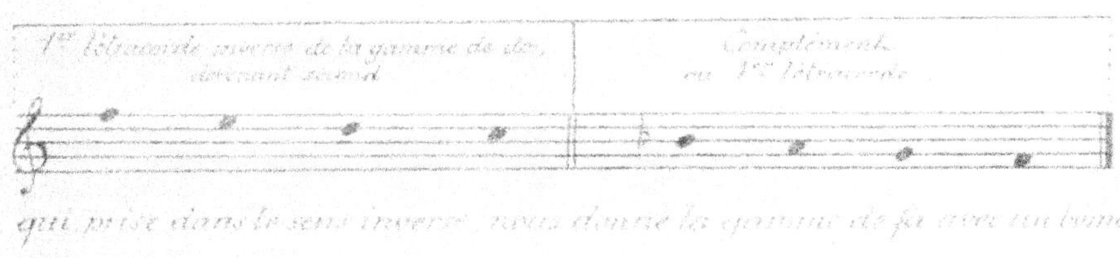

qui, prise dans le sens inverse, nous donne la gamme de fa avec un bémol devant la quatrième note si. On place le bémol après la clef et l'on obtient cette gamme :

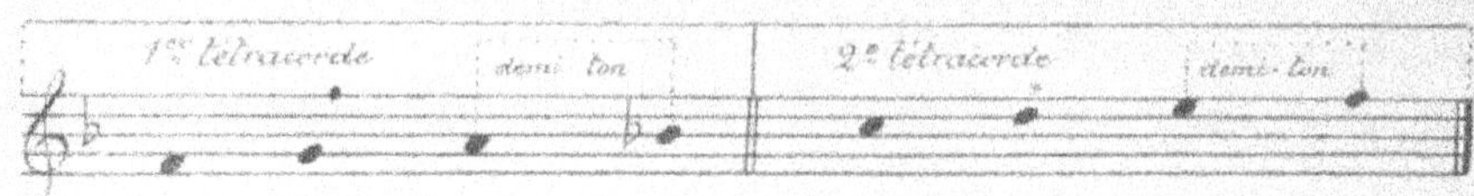

Ainsi procédant de la même manière, prenant la quarte si pour point de départ pour la formation d'une nouvelle gamme, et nommant de suite les notes dans leur ordre en montant, nous dirons si, do, ré, mi, ont pour complément fa, sol, la, si. Pour que le premier tétracorde soit semblable au second, puisque maintenant c'est le second tétracorde qui sert de modèle, il faut un bémol devant la quatrième note mi, qu'on place à la clef après le premier et l'on obtient cette gamme :

Exemple.

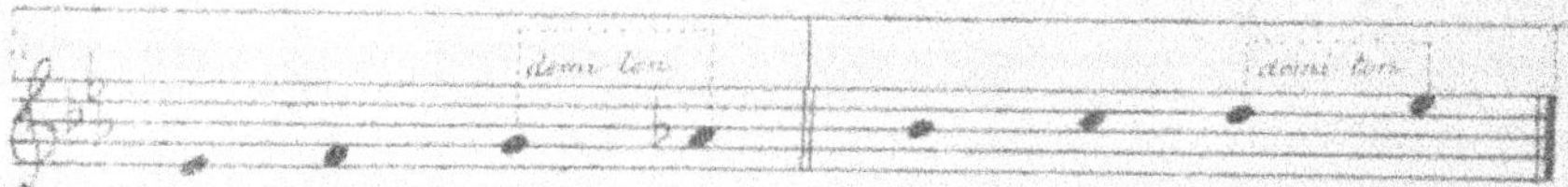

Prenant la sous-dominante mi pour point de départ, mi, fa, sol, la, auront pour complément si, do, ré, mi, avec un nouveau bémol devant la quatrième note la.

Exemple.

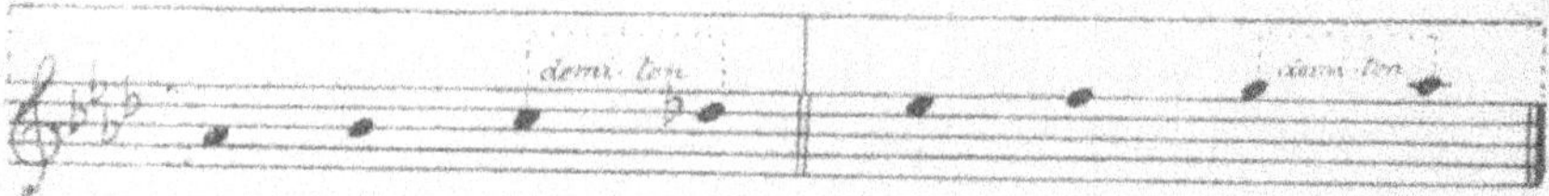

La, si, do, ré, auront pour complément mi, fa, sol, la, avec un nouveau bémol devant la quatrième note ré.

Exemple.

Ré, mi, fa, sol, auront pour complément la, si, do, ré avec un nouveau bémol devant la quatrième note, sol

Exemple

Sol, la, si, do, auront pour complément ré, mi, fa, sol, avec un nouveau bémol devant la quatrième note do

Exemple

Do, ré, mi, fa auront pour complément sol, la, si, do, avec un nouveau bémol devant la quatrième note fa

Exemple.

Cette gamme est composée des mêmes notes que la gamme modèle, mais chaque note est baissée d'un demi-ton.

Il résulte de ce qui précède : 1° que chaque nouvelle tonique s'élevant par quarte, les bémols se trouvent aussi placés à la clef de quarte en quarte en montant. 2° que chaque dernier bémol représentant la quatrième note, la tonique est donc quatre degrés au-dessous du dernier bémol placé à la clef.

Gamme modèle
Premier tétracorde
Ton Ton ½ ton
Second tétracorde
Ton Ton ½ ton
Gamme
en Sol majeur
1er tétracorde
2e tétracorde
Gamme
en ré majeur
1er tétracorde
2e tétracorde
Gamme
en La majeur
1er tétracorde
Gamme
en Mi majeur

Gamme modèle
inverse
2e tétracorde
1er tétracorde
2e tétracorde
1er tétracorde
Gamme
en fa majeur
1er tétracorde
Gamme en
Si b majeur
Gamme
en b mi

Tableau analytique
de la
Formation des Gammes

De l'effet du point

Le point placé au dessus de la note en abrège la durée de moitié, si le point est allongé il en abrège la durée du tiers seulement. Le point placé après la note en prolonge la durée de moitié, un second point placé à la suite d'un autre ne vaut que la moitié du premier

Exemple

Point placé au dessus de la note.

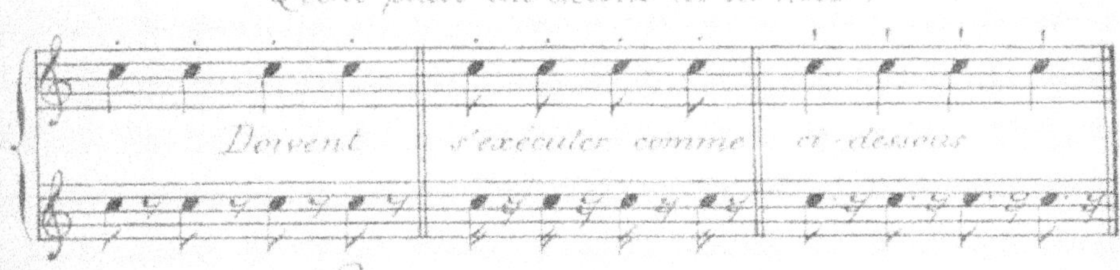

Point placé après la note.

D — Quel effet produit le point placé au dessus de la note ?

R — Il abrège la durée de la note de moitié, ainsi les noires surmontées d'un point doivent s'executer comme des croches separées par des demi-soupirs.

D — Quel est l'effet du point allongé placé au dessus de la note ?

R — Il abrège la durée de la note du tiers seulement

D — Quel est l'effet du point placé après la note ?

R — Il prolonge la durée de la note de moitié

D — Que vaut une ronde pointée ?

R — Elle vaut trois blanches

D — Que vaut une blanche pointée ?

R — Trois noires.

D — Que vaut une noire pointée ?

R — Trois croches.

D — Que vaut une croche pointée ?

R — Trois doubles croches.

D — Que vaut une double croche pointée ?

R — Trois triples croches.

Le point s'emploie encore pour marquer les reprises. Deux grosses barres, traversant la portée perpendiculairement comme les barres de mesure, ayant deux points, soit à droite soit à gauche, s'appellent reprises, et indiquent qu'il faut recommencer du côté où se trouvent les points.

Exemple

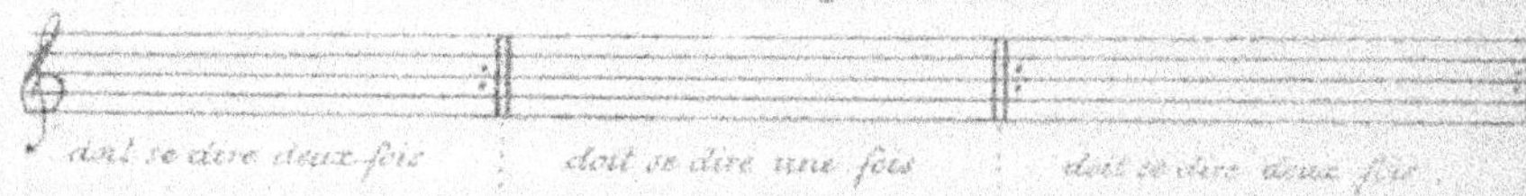

Des mesures composées

Chacune des trois mesures principales simples, dont il a été parlé page 7, a un dérivé ou composé. Les mesures composées diffèrent des mesures simples par la composition des temps : dans les mesures simples les temps sont binaires ; tandis que dans les mesures composées les temps sont ternaires.

Exemple
Mesures simples ou principales

Les trois mesures composées sont donc la mesure à douze-huit, la mesure à neuf-huit, et la mesure à six-huit : ce sont là les mesures les plus usitées. Quelques autres mesures sont rarement usitées, elles sont les multiples soit des mesures simples soit des mesures composées ce sont les mesures à quatre-deux, à trois-deux, à six-quatre et à neuf-quatre

Exemple

Des triolets

Quelquefois, et par exception, on emploie le rhythme ternaire des mesures composées, avec le rhythme binaire des mesures simples, qu'on nomme alors triolets ou trois pour deux, et que l'on surmonte du chiffre trois

Dans ce cas trois croches triolets égalent deux croches, de même trois doubles croches triolets égalent deux doubles croches.

Quelquefois deux triolets sont réunis ensemble, ils prennent alors le nom de sextolets ou six pour quatre, on les surmonte alors du chiffre six. Un triolet peut aussi se former parfois partie en silence et partie en notes

Exemple

Des nuances

On appelle nuances les différents degrés de force ou de douceur qu'on donne au son.

Les nuances sont à la musique ce que les ombres sont aux tableaux : c'est par les nuances que s'expriment les diverses sensations produites par la musique, elles sont indiquées par des termes Italiens, ou par l'abréviation de ces termes, et par quelques signes dont voici les principaux :

Piano ou p .... signifie	Doux.
Pianissimo ou pp	très doux.
Forte ou f	Fort.
Fortissimo ou ff	très fort.
Mezoforte ou mf	demi fort.
Sforzando ou sf	Renforcer la note.
Rinforzando ou rf	Renforcer plusieurs notes.
Crescendo ou cres	Augmenter la force insensiblement.

On l'indique aussi par ce signe ◁══════

Diminuendo ou dim
Smorzendo ou smorz } Diminuer la force insensiblement

On l'indique aussi par ce signe ══════▷

Lorsque les deux signes se trouvent réunis en un seul, il prend le nom de son filé allant du doux au fort et du fort au doux ◁▷

Rallentendo ou rall	En rallentissant.
Accelerando ou ac	En accelerant.

Des mouvements

La durée des notes n'est que relative : la ronde égale toujours deux blanches ou quatre noires etc. ; mais la durée de cette ronde peut être plus ou moins longue.

La durée exacte est déterminée par un instrument appelé métronome ou par des termes Italiens dont voici les principaux :

<table>
<tr><td>Pour les mouvements lents</td><td>Pour les mouvements
modérés.</td></tr>
<tr><td>Largo</td><td>Affetuoso</td></tr>
<tr><td>Grave</td><td>Siciliano</td></tr>
<tr><td>Adagio.</td><td>Moderato.</td></tr>
<tr><td>Lento.</td><td>Andantino.</td></tr>
<tr><td>Larghetto</td><td>Maestoso</td></tr>
<tr><td>Andante</td><td>Allegretto.</td></tr>
<tr><td>Cantabile.</td><td>Allegro moderato</td></tr>
</table>

Pour les mouvements vifs

Allegro	Scherzando,
Allegro con brio	
ou . . . . assai,	Risoluto,
ou . . . con moto,	Agitato,
ou . . . con spirito,	Presto,
ou . . . . . molto,	Prestissimo.
ou . . . . . vivace	

Divers signes usités

Le signe, ayant la forme d'un arc ou croissant avec un point au milieu ⌢, s'appelle point d'orgue ou point d'arrêt ⌢ Il se place soit sur une note, soit sur un silence. Ce signe indique qu'on peut prolonger à volonté la note ou le silence sur lequel il est placé. Le signe recourbé ⌒ placé sur plusieurs notes de nom différent, s'appelle liaison ; placé sur deux notes de même nom, il s'appelle syncope. On appelle accolade un signe liant deux ou plusieurs portées et n'en faisant qu'une seule ligne. Exemple { ou [.

Le signe ayant cette forme § s'appelle renvoi. Il indique que si l'on trouve un second signe pareil ce second signe renvoit au premier.

Fin de la 1re Partie

LIVRE 2ᵉ.

Solfèges à deux parties

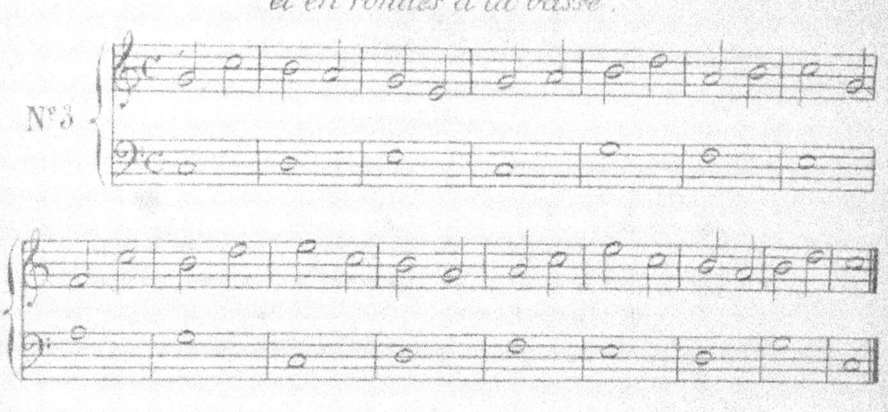

Leçon en blanches à la première partie,
et en rondes à la basse.
Nº 3

Leçon en rondes à la première partie
et en blanches à la basse.
Nº 4

Leçon en noires à la première partie
et en rondes à la basse.
Nº 5

Leçon en rondes à la première partie
et en noires à la basse.
N° 6. 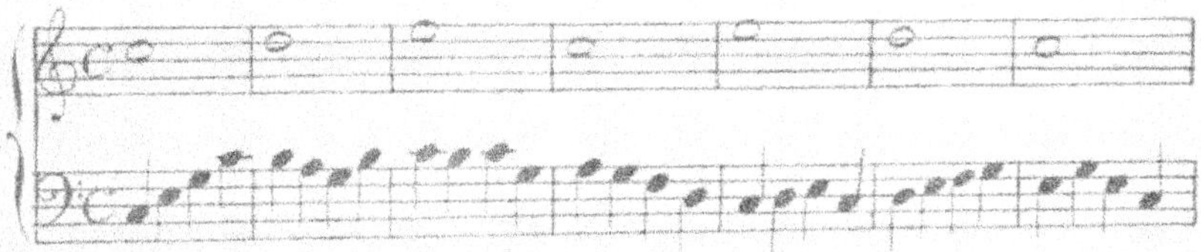 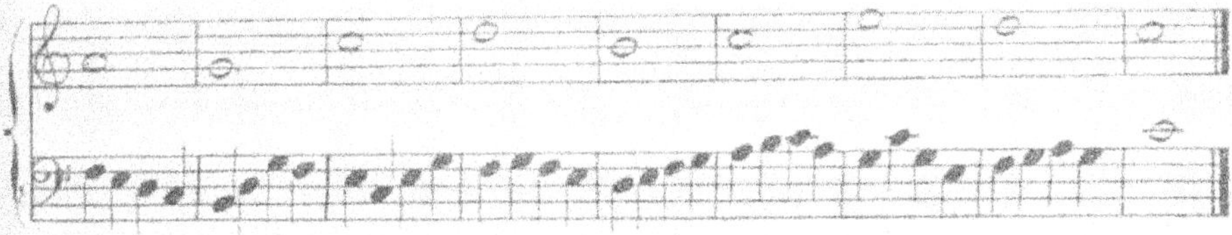
Leçon en rondes et blanches
alternativement aux deux parties.
Allegro Moderato.
N° 7.

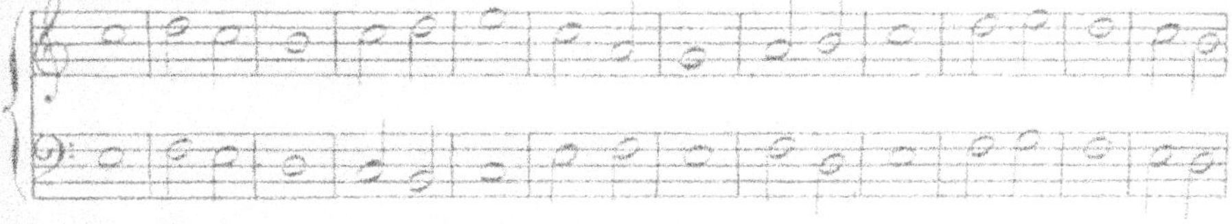

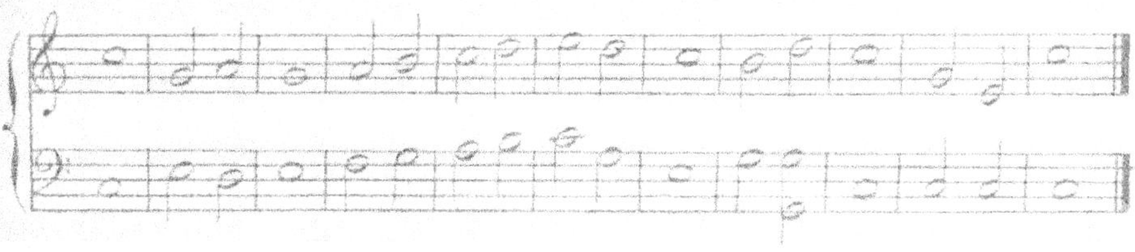

Exercice en blanches et demi-pauses.
Moderato
N° 8.
Exercice en rondes, blanches et noires.
Andantino
N° 9.

Allegretto.
N°10.
Leçon en rondes, blanches, noires et croches
avec reprises, (Voyez première Partie, page 36.)
Andante.
N°11.

De l'effet du point placé après la note. (Voyez page 35.)
Leçon en blanches pointées.

Gamme en la mineur, ton relatif de do majeur
(Voyez page 26)
N°14
Exercice en La mineur.
all°
N°15

Exercice sur les syncopes, (Voyez page 39)

Exercice sur la mesure à deux-quatre.

N.º 19

2e Exercice sur la mesure à deux-quatre.

N° 20

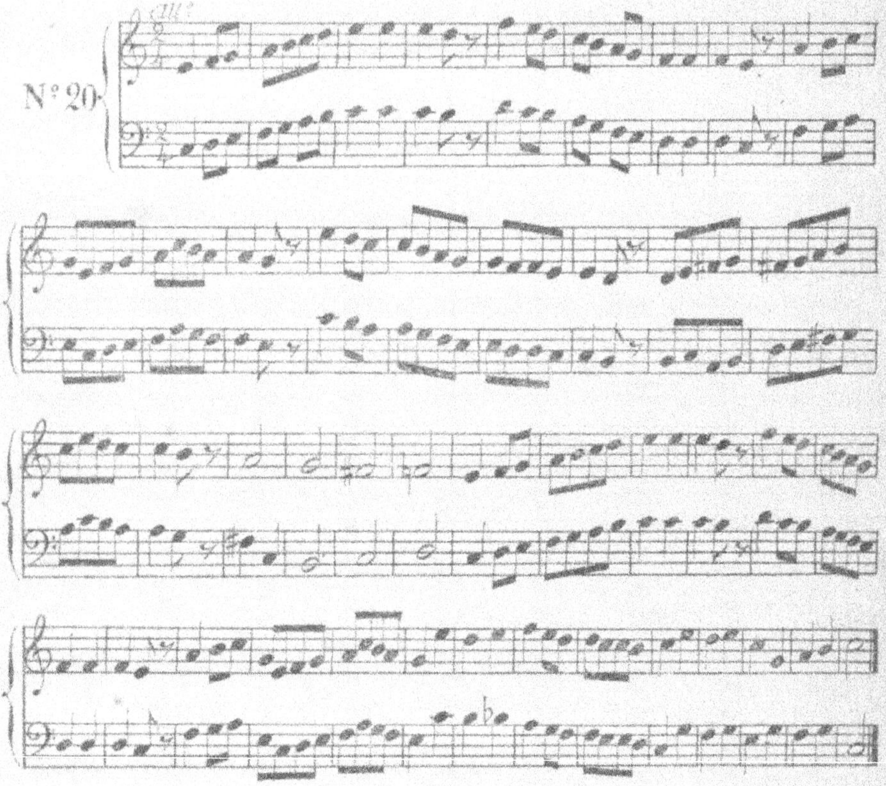

Gamme en Sol majeur.

N° 21

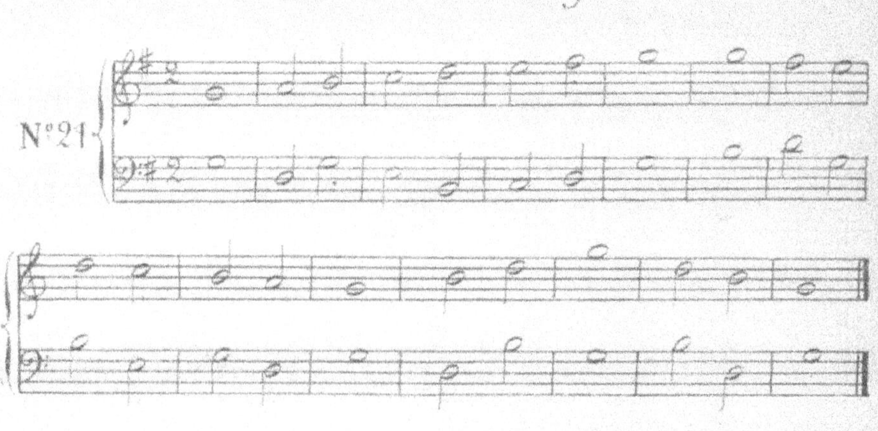

Leçon en sol majeur.
N° 22.
2.e Exercice en Sol majeur.
N° 23.
Mod.to

Exercice sur le renvoi. (Voyez Page 39.)

2ème Exercice pour apprendre à compter
les Soupirs.
N° 27
Gamme en mi mineur.
N° 28

Exercice en mi mineur.

Gamme en fa majeur
N° 32
Exercice en fa majeur et sur la mesure à trois temps
And.te
N° 33

2.ᵉ Exercice sur la mesure à trois temps.

Exercice sur la mesure à trois-huit.
Allo Assai
N° 36.
Gamme en ré mineur.
N° 37.

Exercice en ré mineur

Gamme en ré majeur
N° 40.
Exercice en ré majeur.
N° 41

Exercice sur les triolets ou trois pour deux.
(Voyez première partie page 37.)

Exercice sur les triolets
dans la mesure à quatre temps.

Exercice sur la mesure composée à six-huit
dérivée de la mesure simple à deux-quatre.
(Voyez première partie, Page 36).

2.ème Exercice sur la mesure à six-huit
Allo.
N°45.
3.e Exercice sur la mesure à six-huit.
Andto.
N°46.

Exercice sur les triolets dans la mesure à 3 temps
(Lanseron)
Adagio
N.º 47

Gamme en si mineur
ton relatif de Ré majeur.
N° 48.
Exercice en si mineur
N° 49.
Allegretto

Gamme en si bémol majeur.
N° 50
Exercice en si bémol majeur.
Allegro Moderato
N° 51

Gamme en sol mineur
ton relatif de si bémol majeur.
N.º 52
Exercice en sol mineur.
8.ᵃ all.ᵉ
N.º 53
Fin
Fin
8.
8.
Gamme en la majeur
N.º 54

Exercice en la majeur
Sur les petites notes d'agrément. (Voyez page)
Siciliano
N° 55

Gamme en mi bémol majeur.
N° 56
Exercice en mi bémol majeur.
Mod.
N° 57.

Gamme en do mineur
ton relatif de mi bémol majeur.
N° 58.
Exercice en do mineur
et sur la mesure à neuf-huit.
(Panseron)
N° 59.

Gamme en mi majeur.

Exercices sur le style imitatif.
Imitations libres.
Allo con brio
No 62.

2.ᵉ Exercice sur le style imitatif
Canon à la quinte supérieure. (1)
N.º 63
1.º fois
2.º fois
1.º fois
2.º fois

Canon à la quinte inférieure.
N.º 64.
1.re fois
2.e fois
1.re fois
2.e fois
Fétis.
Canon à la quarte supérieure.
N.º 65.

Canon à la quinte inférieure
Fétis.
N° 66.

Canon perpétuel. A l'octave ou à l'unisson.
Fétis.
N° 67.

Canon fermé à l'unisson. (Haydn).

N.º 68

Canon a trois voix égales. (Beethoven).

N.º 69

Nº 70.
Coda.
Coda.
Coda.
Canon à trois voix égales. (Sabatini)
Nº 71.
Fughetta à deux voix.
Nº 72.

Fugue réelle à deux voix.
N° 73

Canon fermé à la quinte supérieure
Par H. Berton.

En Sol
Nº 74
En do.

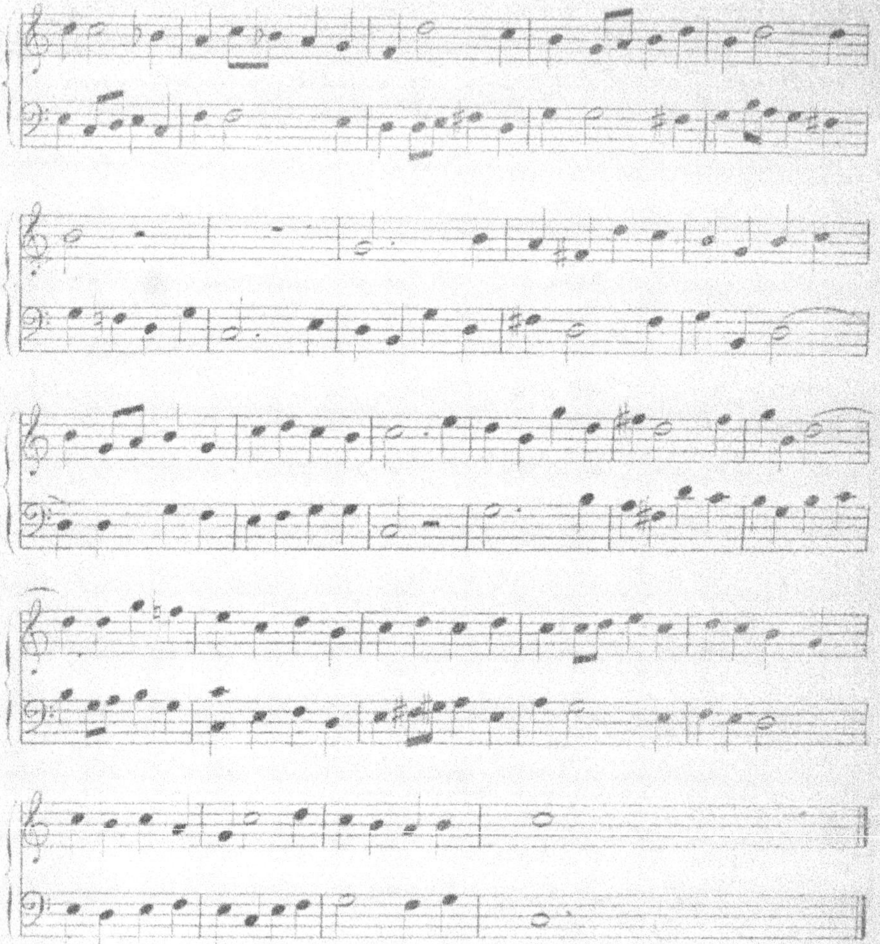

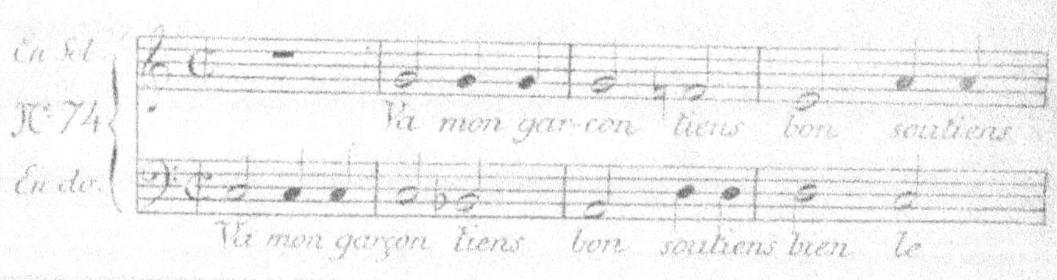

bien le ton et sans fa-çon dis ce ca-non fait par Berton à
ton et sans fa-çon dis ce ca-non fait par Berton à la quinte du
la quin-te du ton pour é-prou-ver un gros lu-ron mon gar-
ton pour é-prou-ver un gros lu-ron mon garçon tiens
-çon tiens bon soutiens bien le ton à la transiti-
bon soutiens bien le ton à la transi-ti-on la
-on la modula-ti-on ne va pas en poltron faus-
mo-du-la-ti-on ne va pas en pol-tron faus-ser comme un a-
-ser comme un a-non non mon gar-çon tiens bon soutiens
-non non mon garçon tiens bon soutiens bien le
bien le ton fer-me mon gar-çon gare au de-mi
ton fer-me mon lu-ron gare au de-mi ton prends ton
ton prends ton dia-pa-son ser-res le bou-ton bra-vo
dia-pa-son ser-res le bou-ton bravo mon gar-

Des notes d'agrément ou petites notes.

On appelle notes d'agrément de petites notes que l'on place devant les grosses notes sur lesquelles elles empruntent leur valeur; ne faisant point partie de la mesure, elles ne font point partie de l'harmonie et n'appartiennent qu'à la mélodie; elles sont de plusieurs espèces.

L'appogiature ainsi que l'accacciature est une petite note placée soit au dessus ou au dessous de la grosse note. L'accacciature se fait très légèrement et n'emprunte presque pas de valeur à la grosse note.

Exemple :

L'appoggiature se fait en appuyant un peu plus sur la grosse note dont elle emprunte la moitié de la valeur ou les deux tiers si la grosse note est pointée.

Exemple.

On appelle gruppetto un assemblage de deux, trois ou quatre petites notes. Le gruppetto de quatre notes s'indique par un signe ayant la forme d'un S allongé (∽)

Les groupes de trois et quatre petites notes ne doivent former qu'une tierce mineure ou diminuée.

Exemples :

On appelle trille le battement répété et rapide d'une petite note placée à intervalle de seconde majeure ou mineure au dessus de la grosse note, dans les mouvements lents il s'exécute du plus lent au plus vite, dans les mouvements vifs son exécution est égale et rapide, on l'indique par tr, placé au dessus de la note.

Exemples :

Tableau comparatif des diverses clefs
et de leurs rapports entre elles

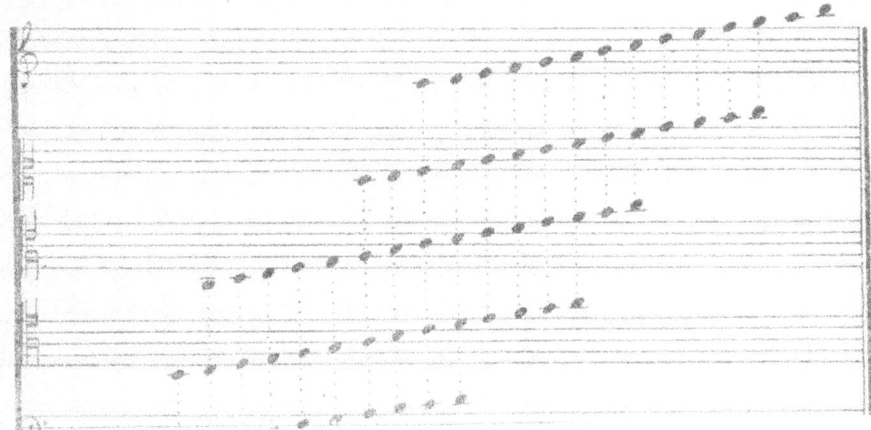

9 782329 244136